Y+

42790

A. M. D. G.

ÉCOLE LIBRE SAINT-JOSEPH DE TIVOLI

CANTIQUES

BORDEAUX
Imprimerie Adrien Boussin, rue Gouvion, 20.

1880

LA CROIX

I

Une voix.
Puissant Roi des rois,
Mort pour moi sur le Calvaire;
Du haut de ce bois
Daigne entendre ma faible voix.

Chœur.
Puissant Roi des rois,
Mort pour nous sur le Calvaire;
Du haut de ce bois
Daigne entendre nos faibles voix.

Solo. Viens, viens m'ombrager de ta Croix.
Chœur. Ombre salutaire !
Solo. Espoir de tout le genre humain !
Chœur. Bouclier du chrétien,
Viens, viens, viens.

II

Une voix.
O Dieu Rédempteur,
A mon cœur rends l'innocence;
O divin Sauveur,
Porte le calme dans mon cœur.

Chœur.
O Dieu Rédempteur,
A nos cœurs rend l'innocence;
O divin Sauveur,
Sois toujours notre protecteur !

Une voix. Jésus, sois toujours mon bonheur
Chœur. Et notre espérance;
Une voix. Jésus, sois mon unique bien
Chœur. Et notre soutien;
Viens, viens, viens !

III

Une voix.
Ah ! reviens à moi,
Sans toi je cesserais d'être;
Mon cœur et ma foi
Seront fidèles à ta loi.

Chœur.	Ah ! reviens ; sans toi, Sans toi nous cesserions d'être : Nos cœurs, notre foi Seront fidèles à ta loi.
Une voix.	Oui, tu seras toujours mon Roi,
Chœur.	Notre divin Maître ;
Une voix.	Tu seras toujours mon soutien
Chœur.	Et notre vrai bien ; Viens, viens, viens !

IV

Une voix.	Croix de mon Sauveur, O trésor inépuisable ! Source de bonheur, Reçois l'hommage de mon cœur.
Chœur.	Croix du Rédempteur, O trésor inépuisable ! Source de bonheur, Reçois l'hommage de nos cœurs.
Une voix.	Viens me combler de tes faveurs,
Chœur.	O Croix adorable !
Une voix.	Et sois l'appui du vrai chrétien,
Chœur.	Aimable soutien ! Viens, viens, viens !

Chœur.

Célébrons à jamais
Son triomphe et sa puissance ;
Célébrons à jamais
Et sa gloire et ses bienfaits !

AU SACRÉ CŒUR DE JÉSUS

I

Instruits par le mensonge et les froideurs du monde,
Divin foyer d'amour, ô lumière féconde,
Cœur sacré de Jésus, nous revenons à toi.
Au sentier des pécheurs notre âme s'est lassée ;

Mais entends les soupirs de la pauvre blessée,
Entends le cri de notre foi.

Refrain.

Cœur de JÉSUS, roi des âmes chrétiennes,
Heureux qui cède à ton amour vainqueur !
A toi nos bras et le sang de nos veines,
Nous le jurons, à toi tout notre cœur !

II

Plaisir et Liberté ! les hommes de notre âge
N'ont que pour ces biens-là, de force et de courage :
Nous voulons à nos pieds fouler tous ces faux dieux.
Apprends-nous ta douceur et ton obéissance.
Cœur sacré de JÉSUS, fais-nous pour la souffrance
Des cœurs comme toi généreux.

III

Chrétiens, nous aimerons ce grand nom qu'on mé- [prise;
Nous voulons nous courber sous la main de l'Eglise;
Et plus que les mondains, élever haut nos fronts :
Aux combats de la vie anime donc nos âmes,
Cœur sacré de JÉSUS, c'est toi qui nous enflammes.
Avec toi nous triompherons.

SAUVEZ ROME ET LA FRANCE

(Paroles extraites de l'*Echo de Fourvière*.)

IV

Pitié, mon DIEU, c'est pour notre Patrie
Que nous prions au pied de cet autel;
Les bras liés et la face meurtrie,
Elle a porté ses regards vers le Ciel.

Refrain.

DIEU de clémence,
O DIEU vainqueur !
Sauvez Rome et la France,

Au Nom du Sacré-Cœur ;
Sauvez Rome et la France,
Au nom du Sacré-Cœur !

II

Pitié, mon Dieu ! sur un nouveau Calvaire
Gémit le Chef de votre Eglise en pleurs :
Glorifiez le successeur de Pierre
Par un triomphe égal à ses douleurs.

III

Pitié, mon Dieu ! la Vierge immaculée
N'a pas en vain fait entendre sa voix ;
Sur notre terre ingrate et désolée,
Les fleurs du ciel croîtront comme autrefois.

IV

Pitié, mon Dieu, pour tant d'hommes fragiles,
Vous outrageant sans savoir ce qu'ils font ;
Faites renaître en traits indélébiles,
Le sceau du Christ imprimé sur leur front.

V

Pitié, mon Dieu, votre Cœur adorable
A nos soupirs ne sera pas fermé ;
Il nous convie au mystère ineffable
Qui ravissait l'Apôtre bien-aimé.

VI

Pitié, mon Dieu ! quand, à votre servante
De votre cœur vous dévoiliez l'amour,
Vous avez vu la France pénitente
A ce trésor venant puiser un jour.

VII

Pitié, mon Dieu ! trop faibles sont nos âmes
Pour désarmer votre juste courroux ;
Embrasez-les de généreuses flammes
Et rendez-les moins indignes de vous.

VIII

Pitié, mon Dieu ! Si votre main châtie
Un peuple ingrat qui semble la braver,
Elle commande à la mort, à la vie ;
Par un miracle elle peut nous sauver !

IX

Merci, mon Dieu, de ces belles journées !
C'est un parfum, c'est un rayon du ciel :
Ces fleurs d'amour ne seront pas fanées,
Nous les gardons comme un gage immortel.

LE CŒUR DE JÉSUS EST LA

(Aloys Kunc. — *Propriété.*)

I

Sous l'abri du Scapulaire,
Jésus m'offre dans son cœur
Une égide tutélaire
Qui rendra le mien vainqueur.
Déjà, comme une conquête,
L'ennemi me signala.
Antique serpent, *Arrête !*
Le Cœur de Jésus *est là !* (bis.)

Refrain à volonté.

En vain tu lèves la tête,
Satan maudit, halte-là !
Le ciel nous protége !... *Arrête !*
Le Cœur de Jésus *est là !* (bis.)

II

Dans mon cœur, que ton audace
Croit avoir déjà saisi,
Viendrais-tu prendre la place
De ce roi que j'ai choisi ?...
Pour assurer ta défaite,
Sais-tu qu'un Dieu s'immola ?

Esprit de mensonge... — *Arrête !*
Le Cœur de JÉSUS est là !

III

Il est là quand je sommeille,
Mon céleste et doux gardien ;
A son Cœur qui toujours veille
Pourrais-tu ravir le mien ?
Ton souffle est une tempête
Que nulle autre n'égala ;
Mais un DIEU me garde... — *Arrête !*
Le Cœur de JÉSUS est là !

IV

Ne crois pas de notre France
Triompher par un combat,
Elle a mis son espérance
En celui que rien n'abat.
N'opposant qu'une houlette
A la lance d'Attila,
Elle a su te vaincre... — *Arrête !*
Le Cœur de JÉSUS est là !

A MARIE

I

Adressons notre hommage
A la Reine des cieux ;
Elle aime de notre âge
La candeur et les vœux.

Refrain.

MARIE est notre mère,
Nous sommes ses enfants ;
Consacrons à lui plaire
Le printemps de nos ans.

Solo. Jurons tous !
Chœur. Jurons tous !
Solo. En ce jour,
Chœur. En ce jour.

Solo. De l'aimer, de l'aimer toujours !
Chœur. De l'aimer, de l'aimer toujours !
Toujours, toujours, tu seras notre mère ! } *Bis.*
Toujours, toujours, nous serons tes enfants !

II

Du beau nom de MARIE
Faisons tout retentir ;
Qu'elle même attendrie
Daigne nous applaudir,

III

Cet autel est le trône
D'où coulent ses faveurs ;
Son divin Fils lui donne
Tous ses droits sur nos cœurs.

IV

Tout ici parle d'Elle,
Son nom règne en ces lieux ;
Nous croissons sous son aile,
Nous vivons sous ces yeux.

V

Protégez-nous sans cesse
Dès nos plus tendres ans ;
Gardez notre jeunesse,
Veillez sur vos enfants.

L'IMMACULÉE CONCEPTION

A LA FRANCE

(Chant de Lourdes.)

I

France, debout ! je suis l'Immaculée !
France, debout ! j'ai pitié de ton sort.
Tu m'apparais de cent crimes souillée,
Déjà l'enfer chante ta triste mort.

Refrain.

Oui, viens, ô France, à ton DIEU qui t'appelle,
Viens au plus tôt te ranger sous sa loi.
Tu n'as été déjà que trop rebelle, } *Bis.*
Reviens à lui puisqu'il revient à toi.

II

Adore DIEU, renonce à tout blasphème ;
En haut ton âme, au saint jour du Seigneur !
Respect aux lois de l'Eglise romaine
Et de Léon, le pontife au grand cœur !

III

Je suis ta reine et JÉSUS est ton maître :
Ton noble cœur l'a-t-il donc oublié ?
Courbe la tête, enfin, sous notre sceptre :
Tu seras grand, ô peuple humilié !

IV

Si tu crains DIEU, sa terrible vengeance,
Cher peuple, accours te presser sur mon Cœur.
Au bord du Gave implore ma clémence,
Je te rendrai le calme et la grandeur.

V

Du haut du ciel je te regarde, ô France ;
Mère de DIEU, je suis ta mère aussi ;
Dans mon amour, dans ma toute puissance
Mets ton espoir, ô mon peuple chéri !

VI

Oui, je reviens, ô Mère incomparable ;
Je suis à vous, ô JÉSUS, sans retour.
Je fus, hélas ! prodigue bien coupable,
Je me repens et je pleure d'amour.

VII

De mes péchés, je ferai pénitence :
Je vous le jure, adorable Sauveur !
Vierge, aidez-moi dans ma persévérance,
Soyez toujours la reine de mon cœur.

SERMENT A MARIE

Refrain.

Jurons à la Mère d'amour, (*bis*)
Jurons tous, en ce jour,
De l'aimer sans retour !
Jurons tous, en ce jour,
De l'aimer sans retour !

I

Puisse à jamais notre tendresse
De son cœur nous gagner l'amour ;
Dans la vive ardeur qui nous presse,
Répétons la promesse
De l'aimer sans retour !

II

Nous consacrons, ô MARIE, à vous plaire
Nos derniers jours comme nos jeunes ans.
Toujours, toujours, vous serez notre mère ;
Toujours, toujours, nous serons vos enfants.

III

Mais ces serments, mon cœur volage
Ira-t-il un jour les trahir ?
Ferai-je à son cœur cet outrage ?
Pour jamais je m'engage.
Non, non ! plutôt, plutôt mourir !

IV

Heureux l'enfant à ses serments fidèles,
Qui pour jamais lui gardera son cœur !
Elle, à son tour, reconnaissant son zèle,
Du ciel un jour, lui promet le bonheur.

SOUS TA BANNIÈRE

(Paroles et musique de l'abbé A. L.)

I

Reine des Saints, le monde nous appelle,
Pour de nouveaux combats sa main vient nous saisir.
L'heure est venue où l'âme qui chancelle
Entre le ciel et l'enfer doit choisir.

Refrain.

Sous ta bannière triomphante,
Nous combattrons et nous vaincrons ;
Et guidés par ta main puissante,
Au ciel nous marcherons. (*bis.*)

II

Ils ne sont plus, les jours de foi craintive ;
Il faut abandonner les rêves de la paix.
De toutes parts un cri de guerre arrive ;
L'horizon luit d'un sinistre reflet.

III

Entendez-vous monter cette menace,
Blasphème recouvert du nom de liberté ?
« Du Christ vieilli que le règne s'efface ;
« Brisons son joug trop longtemps respecté. »

IV

Vierge puissante, au sein de nos alarmes,
Quel bras affermira nos timides vertus ?
Ah ! c'est le tien : il brisera les armes
De nos tyrans à tes pieds abattus.

V

Ce qu'ils voudraient, tu le sais, ô MARIE :
C'est éteindre à jamais les clartés de la foi,
Et nous donner, dans leur audace impie,
Satan pour DIEU, ton ennemi pour roi.

VI

Ce qu'ils voudraient, c'est ravir à notre âme
L'immortelle espérance, héritage divin.
 Mère, tu vois leur entreprise infâme :
Vers toi nos cris monteraient-ils en vain ?

VII

Ce qu'ils voudraient, ces frères sans entrailles,
C'est exiler des cœurs l'aimable charité,
 Pour condamner aux mêmes funérailles
Foyer, autel, prière et sainteté.

VIII

Oh ! par pitié, MARIE, à notre terre
Conserve encor l'amour, la lumière et l'espoir.
 Si nous tombons, élève ta bannière
Et que notre œil puisse toujours la voir.

IX

Et fais qu'ainsi d'une vigueur céleste,
Tes enfants éperdus se sentent ranimés.
 Que craindrions-nous si ton secours nous reste,
Bouclier des forts, soutien des opprimés ?

X

Oui, ton doux nom sera notre espérance :
Tristes, mais confiants, nous venons dans tes bras.
 O Mère ! écoute et protége la France :
Elle est ta fille : elle ne mourra pas.

FIDÉLITÉ A MARIE

I

Je veux célébrer, par mes louanges,
Les grandeurs de la Reine des cieux ;
 Et m'unissant aux concerts des anges,
Je m'engage à la chanter comme eux (*ter.*)

II

Sur vos pas, ô divine MARIE,
Plus heureux qu'à la suite des rois,
Dès ce jour, et pour toute ma vie,
Je m'engage à vivre sous vos lois (*ter*.)

III

Si, du monde écoutant le langage,
Du plaisir j'ai suivi les attraits,
A me donner à vous sans partage
Je m'engage aujourd'hui pour jamais (*ter*.)

IV

Par un culte constant et sincère,
Par un vif et généreux amour,
A servir, à chérir une Mère,
Je m'engage aujourd'hui sans retour (*ter*.)

V

Mère sensible et compatissante,
Soutenez, au milieu des combats,
Les efforts d'une âme pénitente,
Qui s'engage à marcher sur vos pas (*ter*.)

IV

Unissez vos voix, peuple fidèle,
Aux accords des esprits bienheureux,
Pour chanter les louanges de Celle
Qui s'engage à combler tous nos vœux (*ter*.)

LES NOUVEAUX CROISÉS

I

Autour de nous la foudre gronde,
La terre tremble sous nos pas,
Allons-nous voir crouler le monde ?
Soldats du Christ, ne tremblons pas !

Refrain.

MARIE au combat nous appelle,
Marchons sous son noble étendard ;
Avec ardeur, Reine immortelle,
Nous combattrons sous ton regard (*ter.*)

II

Entendez-vous le bruit des armes ?
L'enfer a juré notre mort ;
Malgré les traits et les alarmes,
Elançons-nous avec transport.

III

Non, plus d'effroi, de terreur vaine,
Au champ d'honneur prompts à courir,
Pour notre DIEU, pour notre Reine,
Chrétiens, sachons vaincre ou périr.

IV

Prouvons notre antique vaillance,
Nous sommes les fils des croisés :
Allons, debout, preux de la France !
L'ennemi veille et vous dormez ?

V

Là-bas, le successeur de Pierre
Gémit, esclave des pervers ;
De son tombeau brisons la pierre,
Rendons le Pape à l'univers !

VI

Notre arme, à nous, c'est la prière ;
La foi, voilà notre drapeau ;
Avec la Croix et le Rosaire,
Nous vaincrons les géants nouveaux.

VII

Tremblez, oppresseurs de la terre,
Tremblez tyrans, tremblez bourreaux ;

Bientôt couchés dans la poussière,
Nous chanterons sur vos tombeaux.

VIII

MARIE, ô Reine de victoire,
Soutiens le cœur de tes enfants,
Et dans le ciel, couverts de gloire,
Nous entrerons tous triomphants.

A MARIE GARDIENNE DE LA FRANCE

Regnum Galliæ,
Regnum Mariæ.

Refrain.

Sur notre beau pays de France,
Veille toujours, Reine des cieux :
Garde-lui l'antique vaillance,
La foi de nos premiers aïeux.
Ne laisse pas tomber aux écueils du rivage
Ce vaisseau protégé par ton blanc pavillon ;
Que la France toujours, sous les coups de l'orage,
Reste la grande nation !

I

Les Francs furent toujours dans les faits de l'histoire
Fils aînés de la foi, fils aînés de l'honneur ;
Mais un titre nouveau s'ajoute à tant de gloire
Tu les a proclamés fils aînés de ton Cœur !

II

Si l'orage parfois vient menacer nos têtes,
Vierge, que ton regard, comme un soleil vainqueur,
Dissipe le nuage, écarte les tempêtes :
Notre espoir le plus sûr est ton bras protecteur !

III

Ecoute les accents de notre humble prière :
Qu'à jamais parmi nous règne ton divin Fils !
Qu'à son nom soit uni ton nom, ô tendre Mère,
Dans l'esprit et le cœur de tes enfants chéris !

IV

Peuple cher à mon cœur, ô France, ô ma Patrie !
Reste toujours fidèle aux volontés des cieux ;
Sois le peuple de DIEU, le peuple de MARIE :
Peut-il être un destin plus grand, plus glorieux !

REINE DE FRANCE

(Aloys Kunc. — *Propriété.*)

I

Venez, chrétiens, de l'auguste MARIE,
A deux genoux implorer les faveurs ;
Et pour toucher cette Reine chérie,
Unissons tous et nos voix et nos cœurs.

Refrain.

    Reine de France,
    Priez pour nous ;
    Notre espérance,
Venez et sauvez-nous.
    Reine de France,
    Priez pour nous ;
    Notre espérance,   } (*bis.*)
Venez et sauvez-nous

II

Pitié pour nous, ô Vierge tutélaire ;
Vois, notre esquif menace de sombrer :
DIEU nous punit ; les flots de sa colère
Montent toujours : Mère, viens nous sauver !

III

De nos aïeux bénissant la mémoire,
Nous affirmons la foi des anciens jours ;
Rends-nous la paix, donne-nous la victoire ;
Oui, de ton Cœur nous viendra le secours !

IV

Quoique pécheurs, tu nous aimes encore,
Et ton doux Cœur n'est pas fermé pour nous.
Vois à tes pieds la France qui t'implore ;
Taris ses pleurs, ô Mère, exauce-nous !

V

Mère de DIEU, tu veux que l'on te prie :
A ta pitié nous avons tous recours !
Tu veux qu'on t'aime, ô clémente MARIE :
Nous t'aimerons, nous t'aimerons toujours !

VI

Je sens mon cœur renaître à l'espérance,
Bonne MARIE, en invoquant ton nom :
Oui tu viendras, tu sauveras la France,
Et de JÉSUS nous aurons le pardon.

SAINT-JOSEPH DE TIVOLI A LOURDES

(Musique de Ch. Gounod).

I

Venez, enfants de l'Aquitaine,
Descendez de vos chars de feu,
A deux genoux dans le Saint-Lieu
Vénérez votre souveraine.

Refrain.

Au pied de son trône d'amour,
MARIE, en ce jour, nous appelle ;
Ah ! jurons, jurons sans retour
De vivre et de mourir pour Elle.

II

Ici, dans un touchant mystère,
Brilla son front immaculé ;
Ici, pour nous elle a parlé
En montrant l'onde salutaire.

III

Bonne Mère, Elle aime la France !
En ces jours de noire terreur.
Heureux, nous trouvons dans son cœur
L'arche sûre de l'Espérance.

IV

Ne craignez pas, troupe fidèle,
L'Enfer et ses cris menaçants ;
La Vierge garde les Enfants
De Joseph qui veilla sur Elle.

MARIE ET SES ENFANTS DE TIVOLI
(Musique de Haendel.)

I

Enfant d'Aquitaine, écoute ta Mère,
　Ta Mère des Cieux :
　Veux-tu ne jamais forfaire,
　Vivre et mourir en preux ?
　— Je veux, fidèle,
　A l'Église m'enchaîner ;
Je voudrais mourir pour elle
　Et sans forligner.

Refrain.

　Oui, sur mon âme,
Sur ma foi de Bordelais.
Je suivrai ton oriflamme
　En héros Français.

II

Mon fils, aimes-tu la noble vaillance
　Du héros chrétien ?
　Veux-tu de ma belle France
　Etre un parfait soutien ?
　— Ma noble Reine,
Je suis féal chevalier ;
Mais je suis, loin de l'arène,
　Modeste écolier.

III

Soldat ?... tu l'es bien, sous ces murs gothiques
  De mon Tivoli :
C'est là qu'aux mœurs énergiques
Ton cœur est assoupli.
  — Douce Madone,
Arme mon cœur de tes mains :
Je veux gagner ma couronne
  Aux combats divins.

IV

Jure de garder dans une âme ferme
  Mon humilité :
Jamais dans l'orgueil ne germe
La générosité.
  — Oui, je le jure,
Pour défendre mon pays,
Je veux ceindre cette armure
  Des héros soumis.

V

Veux-tu garder la fraîcheur embaumée
  D'un cœur chaste et fort ?
Pour ma France bien aimée
Le vice c'est la mort...
  — Reine des Anges,
Aide-moi dans les combats :
Et de nos terrestres langes
  Préserve mes pas.

NOTRE-DAME DE SALUT

Refrain.
Dieu de clémence,
  Vois nos douleurs !
Sauve, sauve la France,
Exauce enfin nos pleurs !

I

Tout enivré d'une gloire éphémère
Peuple aveuglé, nous blasphémions la foi.
Faut-il encor le fracas du tonnerre
Pour réveiller le cri de notre foi ?

II

Dans l'ouragan, la lueur d'une étoile
Rend au pilote et la force et l'espoir.
Elle a paru, brillante sous son voile,
L'Étoile d'or, au milieu d'un ciel noir.

III

Quel est ton nom, Astre dont la lumière
Vient resplendir sur nos sommets tremblants ?
C'est le Salut qu'elle apporte à la terre ;
C'est le Salut pour les cœurs pénitents.

IV

Son nom béni, c'est le nom d'une mère ;
C'est la bonté qui s'incline vers nous.
« Priez, enfants ! » dit-elle, « la prière
Peut apaiser le céleste courroux.

V

» Enfants, priez ! Voyez pleurer vos mères,
Pleurez aussi ! Vos pères ont péché.
Ah ! que vos cris, que vos larmes amères
Montent vers DIEU ! son cœur sera touché. »

VI

Douce MARIE, ô Mère secourable,
Auguste Reine, ayez pitié de nous !
Ayez pitié de la France coupable !
Priez pour nous, qui recourons à vous.

MARIE ET L'ÉGLISE

I

Élançons-nous, quittons le port;
Aux aquilons livrons la voile :
Au sein de la nuit sombre on voit briller l'étoile :
J'ai reconnu MARIE, allons braver la mort.

Chœur.

Dieu, quand il s'agit de ta gloire,
Nous voguerons contre les flots :
MARIE assure la victoire :
Courage, en avant, matelots !

II

Plus terrible que l'Océan,
Le monde apprête sa furie..
Nous sommes les enfants, les soldats de Marie,
Nous irons défier l'infernal ouragan.
    Dieu, etc.

III

Méchants, vos sinistres regards
Annoncent en vain le tonnerre;
Aujourd'hui des enfants vous déclarent la guerre;
Et la Vierge par eux abat vos étendards.
    Dieu, etc.

IV

Ils m'ont promis la liberté !
Oui, je suis libre et le veux être.
Jésus seul est mon roi, seul il sera mon maître :
Arrière, fils du siècle et de l'impiété !
    Dieu, etc.

V

Que je méprise vos mépris !
Vos promesses me font sourire.
Ah ! j'estime trop peu ce que le monde admire ;
Et mon cœur est trop haut pour se vendre à ce prix.
    Dieu, etc.

ADIEUX A LA GROTTE.

(Musique de Ch. Gounod).

I

Fraîche nature, ô vallons des miracles,
De notre Vierge augustes tabernacles,
Bosquets divins où les secrets des cieux
Viennent mêler leurs douceurs enivrantes,
Où, pour ma Mère, en chœurs harmonieux
Le Ciel tendit ses lyres frémissantes,
    De mes adieux
    Gardez l'écho fidèle,
Dites-les nuit et jour à ma Mère immortelle.

Refrain.

Partout,
Vierge sainte,
Près ou loin de cette enceinte,
Debout,
Sans relâche,
Nous garderons fiers, sans tache
Nos cœurs, nos mains et nos fronts :
Entends notre humble promesse,
C'est l'adieu que chacun laisse ;
Nous le jurons.

II

Que ne puis-je être, églantier solitaire.
Comme ta feuille, ici près de ma Mère ?
Sans me lasser, j'inclinerais mes fleurs,
Des pas divins je baiserais les traces,
Je grandirais oubliant les douleurs,
Et mes rameaux seraient toujours vivaces :
Du moins les pleurs
De mon âme accablée
Tu les a bien taris, ô Grotte immaculée.

III

Que ne puis-je être, ô source bienheureuse,
Cette fontaine et vive et merveilleuse ?
En murmurant je redirais toujours
Un frais cantique à ma douce Madone ;
Je resterais content de mes amours,
Laissant aux rois leur bonheur, leur couronne ;
Charmants séjours,
Si l'on quitte vos charmes
On emporte du moins du courage et des armes.

IV

Une voix sombre a grondé sur nos têtes :
L'Enfer annonce un monde de tempêtes.
Qu'importe ? Ici les peuples à genoux
Courbent leurs fronts dans ta noble poussière
Faibles chrétiens, ici réveillez-vous,
De notre foi contemplez la lumière :
Qui sommes-nous
Dans la grotte chérie ?
Grâce à Dieu, la vertu, l'avenir, la patrie.

SAINT-IGNACE ET L'ÉGLISE.

I

Non, non, je ne servirai pas,
 A dit une voix menaçante ;
Venez, brisons le joug. En vain Rome impuissante
Redira désormais le refrain des combats :

Chœur.

Dieu ! quand il s'agit de ta gloire,
 Nous voguerons contre les flots ;
 La croix assure la victoire ;
 Courage, en avant, matelots.

II

Dieu cependant du haut des cieux
 Laissait s'amasser le tonnerre,
Et son regard semblait demander à la terre
Une voix qui redit le chant victorieux :
 Dieu ! etc.

III

Quel est ce jeune et beau guerrier ?
 Le voyez-vous comme il s'avance
Le front haut, l'œil ardent ; comme il court et s'élance
Partout où le péril lui promet un laurier ?
 Dieu ! etc.

IV

Pourquoi faut-il que ce grand cœur
 Soit épris des gloires du monde ?
Arrête, Ignace, entends la tempête qui gronde,
Et du souffle infernal va braver la fureur.
 Dieu ! etc.

V

Regarde ces deux étendards ;
 Deux chefs promettent la couronne,
Mais l'un règne à Sion, et l'autre à Babylone :
Ignace sur Jésus arrête ses regards.
 Dieu ! etc.

VI

Son œil mesure l'univers.
Son cœur embrasse les deux mondes,
Par sa puissante voix il plane sur les ondes :
Compagnons de Jésus, allez, couvrez les mers.
    Dieu ! etc.

VII

Courage, rameurs vigoureux !
Le pavillon de la nacelle
Sera toujours la croix ; et vous, troupe fidèle,
Toujours vous redirez le refrain généreux :
    Dieu ! etc.

VIII

Ah ! qu'il est beau ce pavillon,
Lorsqu'au souffle de la tempête
Il s'agite et frémit comme en un jour de fête,
Des autans conjurés bravant le tourbillon.
    Dieu ! etc.

IX

Vogue, vogue au nom de Jésus.
Vogue, petite Compagnie !
Ne crains pas ! Va toujours ; ton étoile est Marie !
Va par toutes les mers recueillir les élus.
    Dieu ! etc.

X

Croisez ensemble vos drapeaux,
Benoît, Guzman, François, Ignace ;
Le siècle contre vous a vomi la menace,
Unissez contre lui vos voix et vos travaux.
    Dieu ! etc.

XI

Monde, en vain tu menaceras ;
La tempête nous fait sourire :
Pierre, nous sommes nés à bord de ton navire.
S'il te faut des rameurs, parle, voici nos bras.
    Dieu ! etc.

—

A. M. D. G.

www.ingramcontent.com/pod-product-compliance
Lightning Source LLC
Chambersburg PA
CBHW060928050426
42453CB00010B/1903